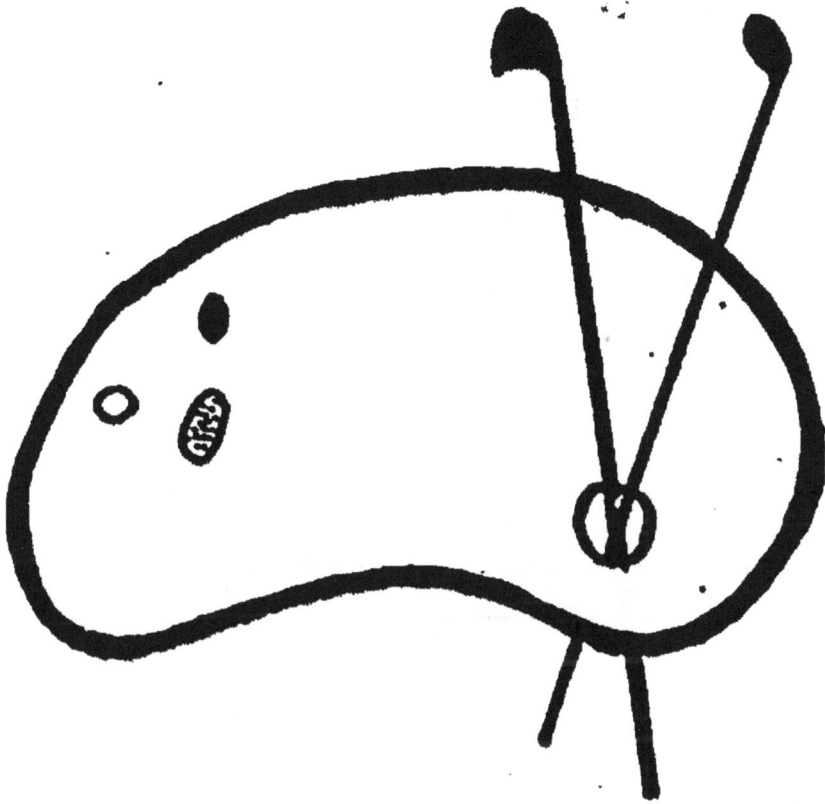

DEBUT D'UNE SERIE DE DOCUMENTS
EN COULEUR

INSTITUT ÉGYPTIEN

QUELQUES TOMBEAUX INEXPLORÉS

AUX ENVIRONS DE MUALLA

PAR

M. E. A. FLOYER m. r. a. s.

Communication faite à l'Institut égyptien dans la séance du 11 Janvier 1895.

LE CAIRE

IMPRIMERIE NATIONALE

1895

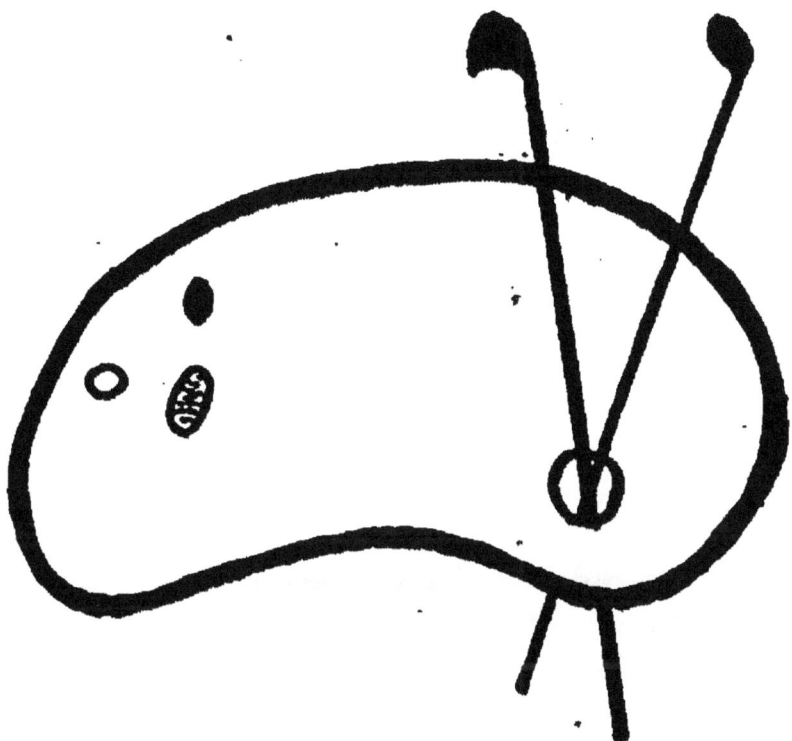

FIN D'UNE SERIE DE DOCUMENTS
EN COULEUR

INSTITUT ÉGYPTIEN

QUELQUES TOMBEAUX INEXPLORÉS

AUX ENVIRONS DE MUALLA

PAR

M. E. A. FLOYER M. R. A. S.

Communication faite à l'Institut égyptien dans la séance du 11 Janvier 1895.

LE CAIRE

IMPRIMERIE NATIONALE

1895.

QUELQUES TOMBEAUX INEXPLORES

AUX ENVIRONS DE MUALLA

Mualla est un village composé de deux hameaux placés à un mille l'un de l'autre à l'embouchure du canal de Mualla, sur la rive Est du Nil et à peu près opposé au 765ᵐᵉ kilomètre du Caire, ainsi qu'il est indiqué sur la carte des irrigations des Travaux publics.

Les khors sont mentionnés sur la carte annexée à ce rapport.

C'est la « contrée des sept r is » et sur la rive Ouest se trouve peut-être un des champs les plus productifs qui existent pour les recherches des antiquaires.

Les amas de poussière aux environs de Mualla même sont d'une grande étendue.

Des morceaux de granit d'Assuan, travaillés, y sont souvent ramassés et plusieurs fouilles faites en 1886 par Maspero ont indiqué une place de quelque importance dans la XIIᵉ dynastie et même dans le quatrième siècle de notre ère.

Il est probable que les tombeaux décrits plus loin n'appartiennent pas aux anciens habitants sur le Nil mais à un peuple qui vivait près du Nil et considérait ce fleuve comme une ressource pour l'eau et le fourrage pour leur bétail durant l'été. La distinction est aujourd'hui clairement définie.

Beaucoup de villageois revendiquent d'être venus du désert et de n'avoir rien de commun avec les anciens habitants du Nil.

Frappés par le nom, vous seriez peut-être portés à demander la signification de khor Tenab. Les villageois répondent qu'ils sont venus d'un village nommé Tenab qui était dans les montagnes.

Ces anciens habitants du désert n'étaient pas des arabes. Aujourd'hui c'est un peuple mêlé. La différence entre eux et les arabes

Ma'aza est la même qui existe entre le vinaigre et l'eau et il est probable que les causes qui sont en vigueur aujourd'hui ont toujours existé.

Les Romains appelaient le désert une île. Son peuple en est recruté au Nord, au Sud, à l'Est et à l'Ouest.

Les carrières de crystalline qui forment sa physionomie géographique étaient pour les centuries un district minier.

Un district minier est proverbialement recruté dans chaque classe et chaque race et nous pouvons distinguer trois périodes d'industrie minière : la pro-romaine, la romaine et en dernier les prodigieuses aventures au IX° siècle d'Abdul Rahman Omari.

J'ai d'autre part (1) établi ce qui était possible en faveur d'une double occupation de cette contrée par les mineurs « Troglodytes » et les Blemmyes pasteurs, et tout en admettant un grand mélange de race parmi les mineurs il est en conformité avec ce que nous savons déjà de supposer que le peuple pasteur gardait toujours une classe de dignitaires correspondant aux « Ortegas » ou patriarches d'aujourd'hui près de Suakim.

Je suppose que les tombeaux près de Mualla sont les endroits où ont été déposés les restes des patriarches de cette tribu de pasteurs à son origine.

Dans cette « région des sept rois » un grand nombre de khors ou vallées qui s'étendent du pied de cette masse rocheuse aux alluvions du Nil contiennent des traces d'habitations.

On rencontre souvent un hameau à l'embouchure du khor et ce khor porte le nom de la famille y résidant, ainsi le khor El-Kuthâ a à son embouchure un hameau dont le chef est Othman el Kathi. Au sud se trouvent les khors Abou Selim et Abou Saïd.

Il est utile de se souvenir qu'un village est souvent composé de trois ou quatre hameaux éparpillés à cinq ou six milles dans le désert. Il n'y a guère d'apparence à ce qu'ils soient réunis mais ils sont d'un seul clan ou tribu et ont simplement suivi leurs instincts de bergers nomades en se divisant ainsi pour aller à la recherche de pâturages ou de l'eau.

(1) *Journal Officiel*, 12 mai 1891.

Près d'un des hameaux de Hunâdi court un khor marqué par un dôme blanc, le tombeau du cheik Ismaïl.

Ici se trouvent le ruines étendues mentionnées (1) par la mission envoyée par S. E. Nubar pacha pour définir la position des lits de nitrate et où se trouvent aussi les tombeaux ovales du même dessin que ceux du khor el Kutha, mais plus petits et construits moins artistiquement et avec moins de travail.

On peut en passant faire remarquer que ces ruines ne sont pas exactement comme les autres constructions du désert de l'Est.

J'ai d'autre part (2) décrit les différents styles de maisons employés par les peuples qui ont, à différentes époques, habité ce désert : les huttes des Troglodytes, datant probablement de Psammétik, à Sighdit et à Um Rus. Les villas grecques aux mines d'émeraudes ? Les baraques romaines aux Monts de Porphyrites et Claudianus et à Um el Eagher; les forts près Bérénice; les maisons des mineurs albanais de Mohamed Ali et les modestes huttes de pierres des bergers à demi civilisés qui maintenant errent dans la contrée Abba li.

Les maisons de Hunâdi diffèrent de toutes celles-ci. Elles sont plus rectangulaires que les cottages psammétiques et construites plus solidement que les huttes de bergers.

Elles ont toutes environ 2 mètres sur 2 avec une étroite porte de sortie. Ce qui reste du mur est en pierres de 30 centimètres cubes mélangées de petits fragments et a environ 50 centimètres de hauteur; il est possible que le mur était complété avec de la boue.

Il est digne de remarque qu'à peu près toutes les maisons sont des cabines isolées. Il n'y a pas de vestiges de cour pour le bétail ni en général un espace dans lequel une cour aurait pu être comprise. Il n'y a pas de chambre qui eut pu contenir plus d'un homme.

Ceci suggère l'hypothèse d'un camp de soldats ou d'ouvriers. Je n'ai pas été à même de m'imaginer les circonstances d'après lesquelles un camp militaire devrait être pour ainsi dire caché dans les collines au lieu d'être placé sur les bords du Nil, ni il n'a été trouvé aucun travail pouvant avoir occupé des ouvriers.

On pourrait également supposer que ce sont des tombeaux, mais elles ont toutes des portes et auprès, ainsi que nous l'avons men-

(1) *Nord Etbaï*, p. 47.
(2) *Journal Officiel*, 12 mai 1894.

tionné ci-dessus, sont des tombeaux ovales sans portes. Les portes sont, il est vrai, excessivement étroites.

Ces tombeaux, ainsi que d'autres qui se trouvent dans le Wadi Hof et à Hélouan sont du même dessin mais inférieurs comme dimensions et construction à ceux de Khor el Kutha. Ce sont des bancs de pierres éparses entourant un ovale.

Maintenant, répandue dans la contrée Abbadi on trouve une troisième sorte de tombeaux en enceinte ovale de larges pierres, non entassées, mais posées en simple cercle les unes à côté des autres.

Je crois que nous pourrions trouver ici trois périodes dans la décadence d'une puissante race.

Je suggérerais que les tombeaux massifs de Mualla sont les tombeaux d'une puissante tribu d'anciens habitants du désert qui honoraient leurs morts, et que les mêmes tombeaux à Hunadi quoique inférieurs ainsi que ceux de Hélouan, indiquent une phase dans leur décadence, dont la complétion est démontrée par le cercle simple de pierres, évidemment plus récent, et indiqué peut-être par un fourneau de pipe cassé en steatite qui montre que le défunt était un homme dans l'aisance qui pouvait à l'occasion offrir du tabac à ses amis.

Le question est de savoir à qui appartiennent ces tombeaux.

La contrée n'a reçu l'adjectif arabe « Abbadi » qu'après la conquête musulmane. Les Arabes, d'après quelques fragments de l'histoire de I n Soleiman, comme Barckhardt l'a garanti, trouvaient ici le Beja.

Mais si ce sont les tombeaux de Beja, qui repose alors sous ces tombeaux qui figurent sur la carte de Von Heuglin, publiée dans le premier bulletin de la Société khédiviale de Géographie?

J'appellerai l'attention sur la rareté de ces tombes. Par la libéralité du gouvernement de Son Altesse et spécialement par celle de l'administration des chemins de fer lorsque notre président siégeait à son Conseil, j'ai eu occasion de franchir maintes fois le désert, du Nil à la mer Rouge.

Néanmoins je ne puis me souvenir que de cinq ou six de ces tombeaux à cercle simple; ceux d'une moyenne grosseur je ne les ai vus qu'à Hélouan et à Hunadi, tandis que les plus grands, ou tombeaux royaux, je ne les ai trouvés qu'à Mualla.

Il semblerait que les notables seuls recevaient cette sorte de sépulture. A en juger encore d'après les tombeaux de Mualla les personnalités demeuraient près du Nil.

Mais le même cas se présente de nos jours.

Depuis l'époque de Dioclétien les anciens habitants du désert ont toujours reçu des subsides des gouverneurs de la vallée du Nil. Alors comme maintenant cela entraînait la résidence sur le Nil du chef de la tribu. Quant à l'âge de ces tombeaux ils sont sans inscription et rappellent une race illettrée. J'ai cherché à établir une échelle pour juger de l'âge des monuments sans inscriptions en mesurant la désagrégation de la pierre par l'atmosphère; ce système est à son début mais je crois qu'en faisant un choix soigneux des pierres je m'aventurerais à placer les tombeaux de Mualla à environ moitié route entre le temps présent et l'ancien mur de Dendera décrit dans une communication à l'Institut le 2 février 1894.

Il y a quelque vérité dans l'exposé que j'ai fait plus d'une fois, à savoir qu'avant qu'il ait reçu l'Islam le peuple de la contrée Abbadi avait gardé quelques formes de christianisme apporté probablement de l'Est de l'Arabie et peut-être conservé par les Biathia.

J'ai décrit dans l'Athenæum (1) ma découverte à Abrak d'une très remarquable famille de haute stature aux traits majestueux et de couleur jaunâtre ne ressemblant en rien aux types rencontrés jusque là et qui rappelaient de suite la description pathétique du vieil Orozembo dans la pièce de Sheridan et qui pouvait bien être les dernières traces d'une grande famille.

En conclusion, le désir de perpétuer sa mémoire et si possible de garder quelque peu de son importance pour en user dans l'autre monde, a été un trait caractéristique de l'homme de temps immémoriaux et les variétés des méthodes par lesquelles la nature a déjoué ses efforts dans ce but forment une étude curieuse.

On comprend aisément qu'être enseveli avec des bijoux était une invitation au vol, mais les simples remparts compacts de pierres lourdes pouvaient bien échapper au profanateur.

Cependant l'efflorescence du sel omnipotent et subtil est devenue une source de danger pour ces patriarches.

(1) 8 Août 1891.

Cette efflorescence connue aux Indes sous le nom de « Reh » et en Égypte sous celui de « Nizza » exige que les maisons soient construites avec des fondations en pierres; et le chamelier paresseux trouve plus profitable de se servir des pierres de ces tombeaux que d'errer à l'aventure pour charger sa bête.

E. A. FLOYER M. R. A. S.

N

• Tomōs

Mualla (Naj el Kutha)

Kh. Abu Selim

Kh. Abu Sa'id

Kh. Tenab

Sh. el Azrak

Pomp

Hunādi   • Ruins

Sh. Ismail (white dome)

Hamidāt

MATANA

Deir

ISNA

Hallah

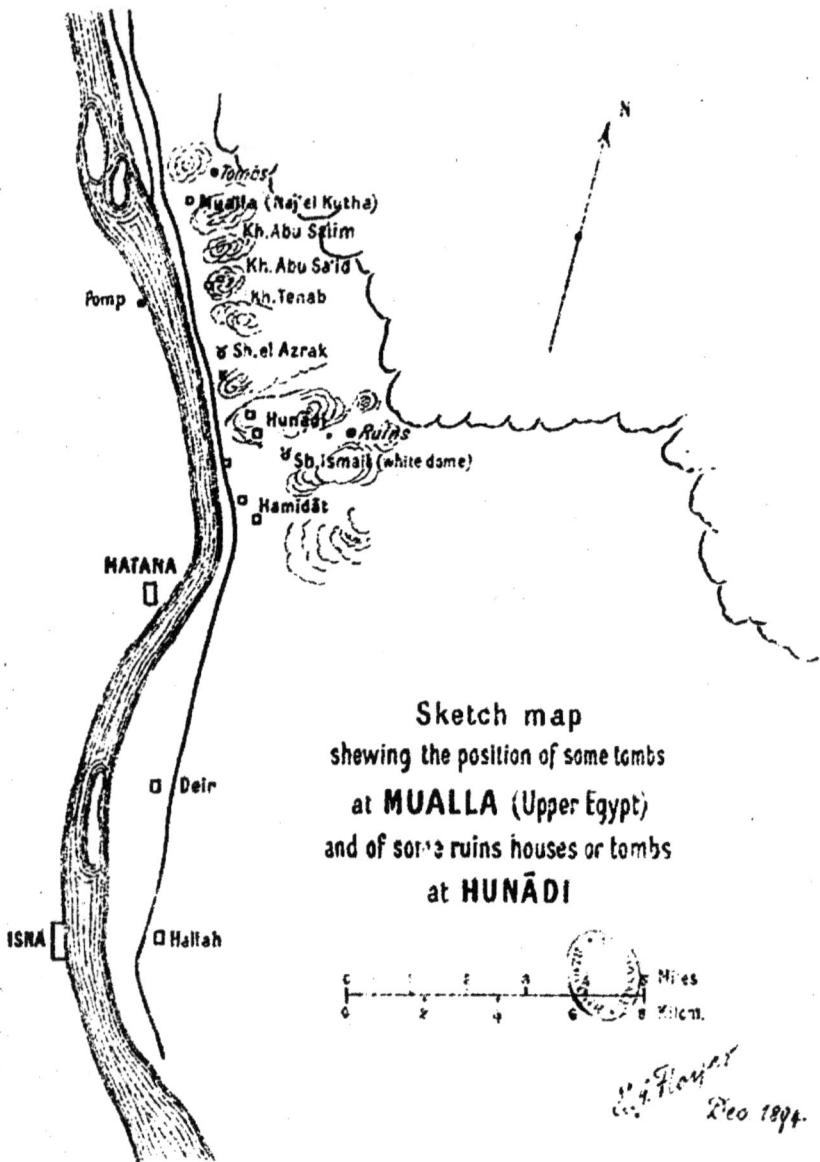

Sketch map
shewing the position of some tombs
at **MUALLA** (Upper Egypt)
and of some ruins houses or tombs
at **HUNĀDI**

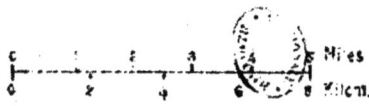

Dec 1894.

Valley of tombs, Mualla, near Arment (Upper Egypt)

Mahal Assūllāh or Khor el Kuthā

In arabic خور القمّبا

The valley of the family عشان القاضى who now live there

E. A. Floyer
18 Nov 1894.

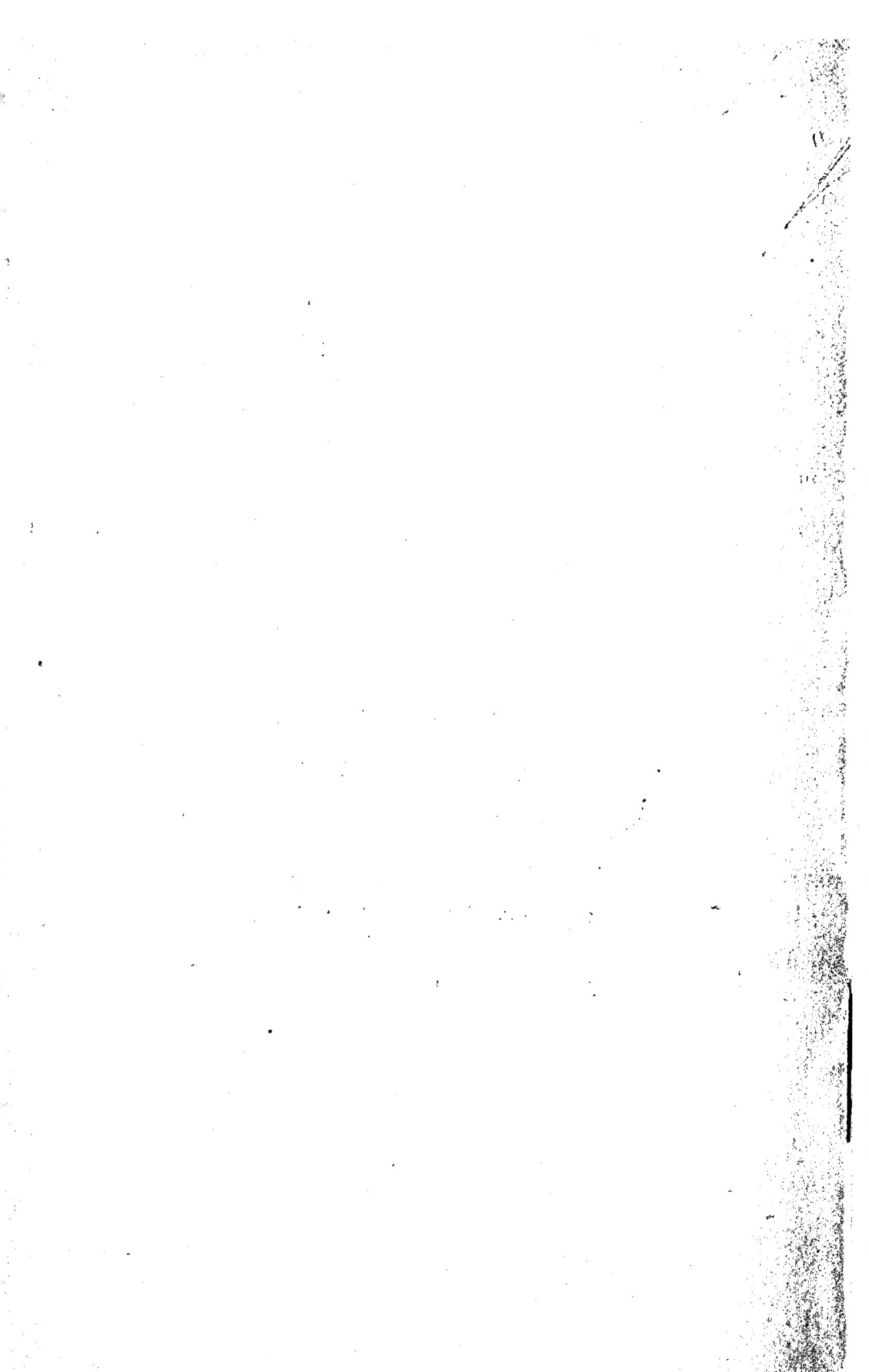

Plan of single tomb

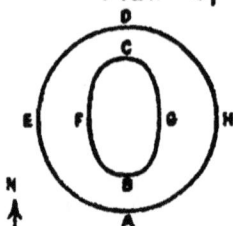

AB	1,00	EF	1,50
BC	3,20	FG	1,80
CD	0,80	GH	1,70
AD	5,00	EH	5,00

Height 0,50

Plan of double tomb

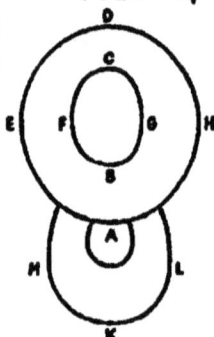

AB	1,60	EF	1,50
BC	2,70	FG	1,80
CD	1,00	GH	1,70
AD	5,30	EH	5,00
AK	2,70	ML	3,40

Height 1,00

Note. One tomb, containing 8 people covers 11 metres square.

Mouth of water bottle in red earthenware
found on tombs

E.A. Floyer
18 Nov 189.

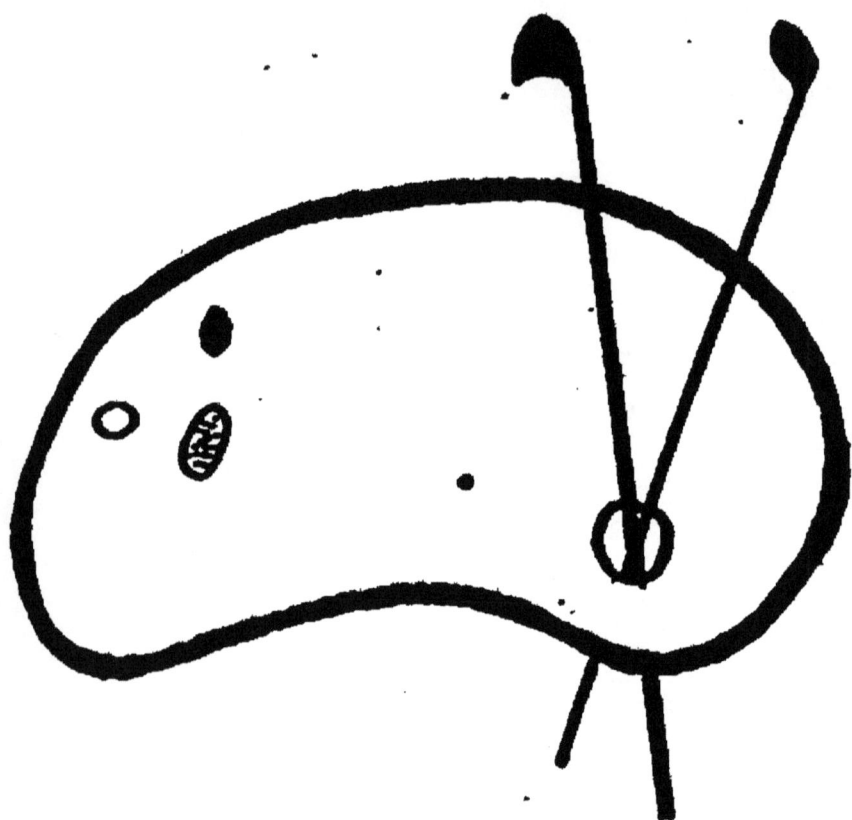

ORIGINAL EN COULEUR
NF Z 43-120-8

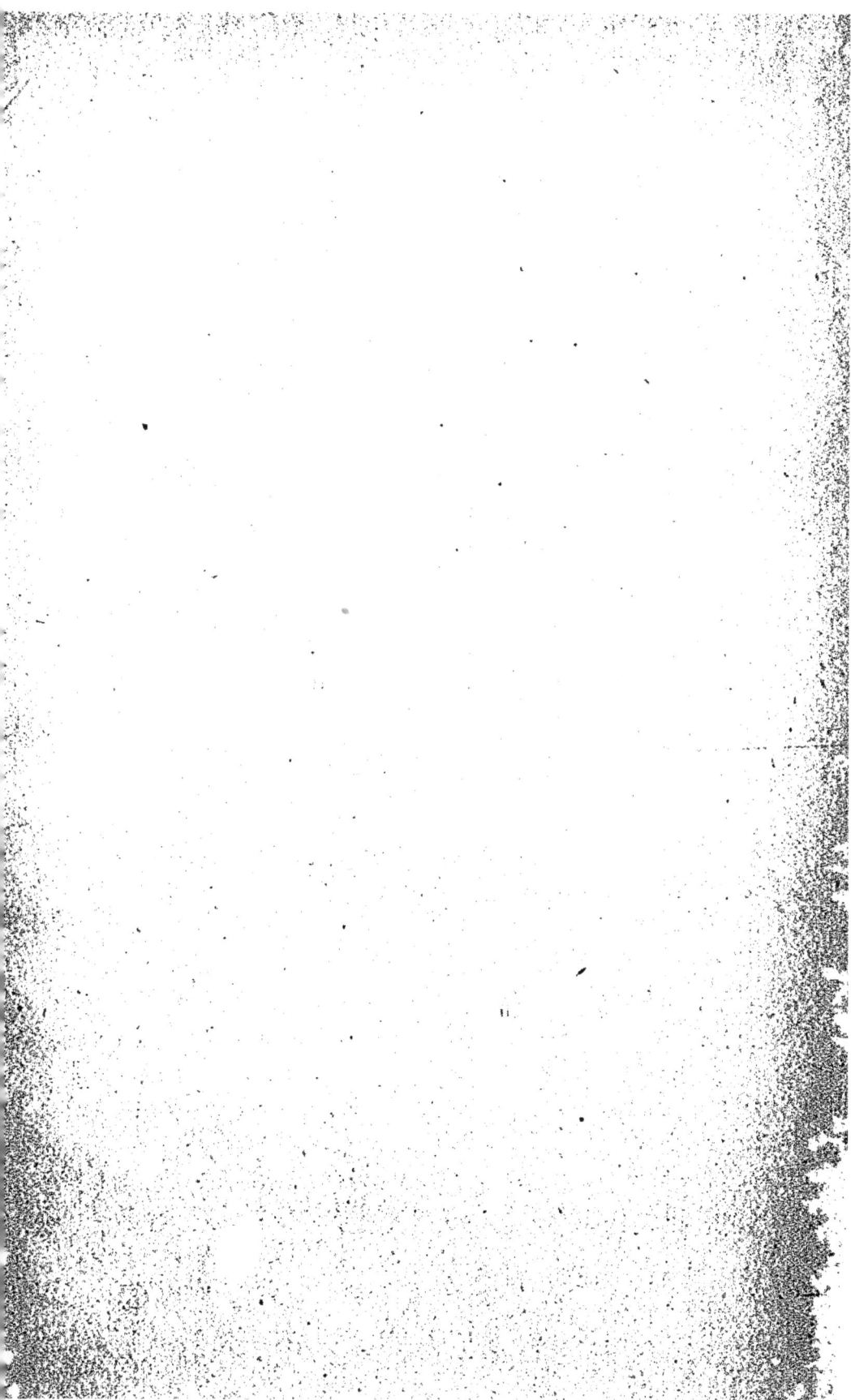

www.ingramcontent.com/pod-product-compliance
Lightning Source LLC
Chambersburg PA
CBHW061808040426
42447CB00011B/2537